¡Buen día, chicos! Comenzaré con la clase sobre los dinosaurios, mis antepasados. Tengo tanto para contarles. A ver… Les diré algo acerca de la Tierra. Nuestro planeta tiene muchos, pero muchos años. Tantos, que si festejara su cumple, debería soplar 4600 millones de velitas. Les voy a señalar en este mapa dónde se cree que estaba ubicado nuestro continente…

Esperen un momento que llamo a mi asistente. Cleo… ¡Cleo!

—¡No grite, profe! Sabe muy bien que no soy sorda.
—¿Por qué tardaste tanto?
—¡Porque me estaba lavando los dientes!
—Cleo… ¡Que las lombrices no tienen dientes!
—Por eso me compré una dentadura postiza, para verme más linda.
—¡Uf! Vamos a trabajar.
—En esta parte se encontraba América…

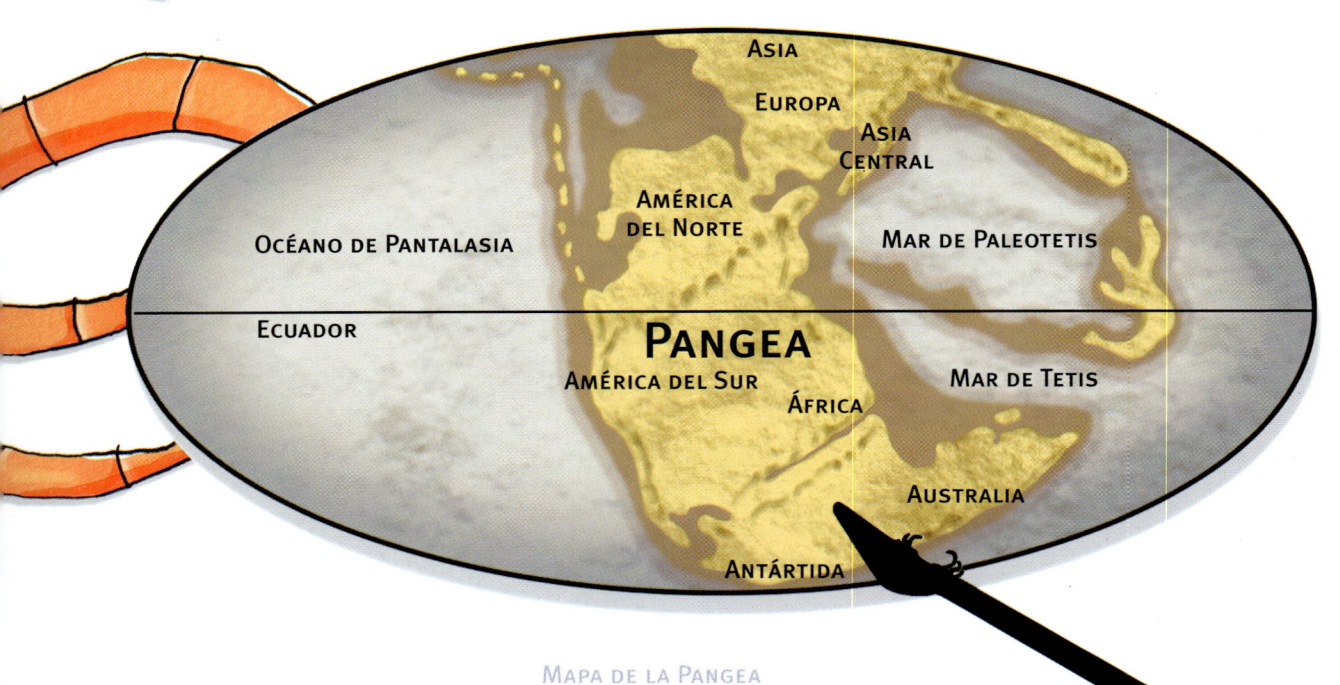

MAPA DE LA PANGEA

Todos los continentes estaban unidos y no separados como ahora. A ese momento de la evolución se lo llama **Pangea**, que quiere decir "Todas las tierras".

2 / LOS DINOSAURIOS

—Hace unos 300 millones de años aparecieron mis primeros antepasados y eran unos reptiles así de pequeños... Este lagarto se llamaba **Milleretta**.

Milleretta

—Profe, no se olvide de poner la figura para que comparen...
—¡Uy, es verdad! Gracias, Cleo.
—La sombra de un chico nos permitirá comparar los tamaños.

Vean este otro reptil: se llama **Longisquama**. Se cree que esas escamas que tenía en el lomo le servían para hacer vuelos cortos. ¿Es raro, no?

—Profe, tiene los pelos como ud... ¡Ya sé, no le gustó el chiste!

Longisquama

Los dinosaurios / 3

Moschops

—Observen el tamaño del que se llamaba **Moschops**. Medía 5 metros de largo y se peleaba a los topetazos con los otros animales.

—Me imagino los chichonazos que se harían… Profe, ¿le puedo hacer una pregunta?

—Sí.

—¿Cómo nacían los dinosaurios?

—La mayoría de los dinosaurios ponían huevos de cáscara muy dura, de donde nacían sus crías. ¿En qué estaba?

—Hablaba del Moschops, o sea que siguen las tortu…

—¡Ah! Gracias.

Huevo de Moschops

—A los primeros reptiles les siguieron las tortugas. Entre ellas, la **Archelon**. Era una tortuga enorme que medía casi cuatro metros.

—Tenía cara de loro. ¿Sería una tortuga parlanchina?

—La única parlanchina que hay aquí es…

—¡Ya sé, no me lo diga! Adivino lo que piensa…

ARCHELON

Plotosaurus

—Hubo lagartos marinos como el **Plotosaurus**, que en lugar de tener patas, tenían aletas y de esta manera podían nadar. ¡Medían diez metros de largo!

—Como para tenerlo en la pecera de mi casa…

—¡Cleo…! ¡Me haces perder el hilo! Y ahora, ¿en dónde había quedado…?

—En el Plotosaurus…

—¡Ah! Si se fijan bien, la cola es una aleta que le servía de timón.

—¡Es cierto! ¡Como la de un barco!

—Y la de los aviones también. En al agua y en el aire, se cambia el rumbo con sólo mover esa aleta.

Pachyrhachis

—Y este otro es un lagarto acuático, que bien podría ser el origen de las serpientes que vemos en la actualidad.
—¡Snif…! ¡Snif…! No puede ser… Cada vez que veo a uno de mis atepasados se me caen las lágrimas.

—Si miran bien, este lagarto marino tiene dos patitas en la parte de atrás. Se llamaba **Pachyrhachis**…
—¡Salud!
—¿Por qué dices salud…?
—Usted dijo ¡Atchís! Por eso…

—Cleo, creo que es mejor que te tomes un descanso. Te invito… a que vayas a comprarte un helado de los que tanto te gustan.
—¡Gracias, pero prefiero ir a la peluquería…! Creo que se cansó de mí, así que, ¡chau!

—Y ya que estábamos en el mar, les voy a mostrar algunos de los reptiles más extraños que vivieron en el agua.

—Aquí vemos al **Plesiosaurus** y su esqueleto. Se alimentaba de calamares y peces pequeños. Como pueden ver, tenía una cabeza chiquita y un cuello bastante largo. Este lagarto podía medir 2,30 metros de longitud.

PLESIOSAURUS

—¿Y éste, a qué pez les hace recordar?

—Al delfín, ¿no es cierto? Es el **Ichthyosaurus**, uno de los reptiles prehistóricos más conocidos.

ICHTHYOSAURUS

8 / LOS DINOSAURIOS

Milleretta

Archelon

Moschops

Longisquama

Profesaurio y Cleo

Pachyrhachis

Plotosaurus

Plesiosaurus

Ichthyosaurus

LIOPLEURODON

ELASMOSAURUS

KRONOSAURUS

SHONISAURUS

TIRANOSAURUS

PROTEROSAURUS

PLACODONTO

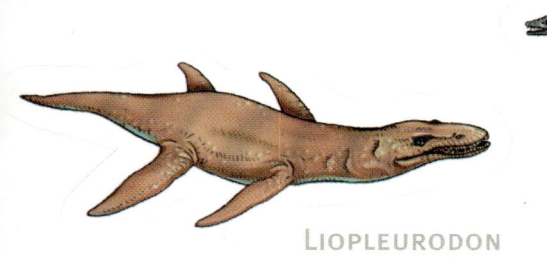

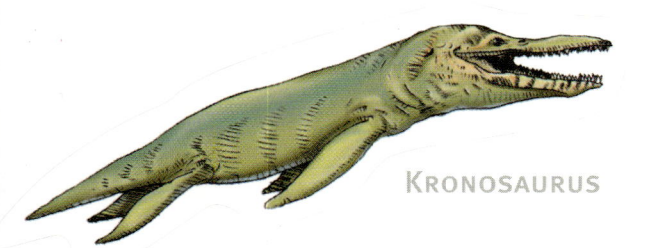

DEINOSUCHUS

DESMATOSUCHUS

—El **Elasmosaurus** fue un reptil que tenía un cuello que podía llegar a medir, escuchen bien: ¡8 metros de largo! Menos mal que no está Cleo, porque hubiera hecho uno de esos chistes de los que se ríe ella sola...

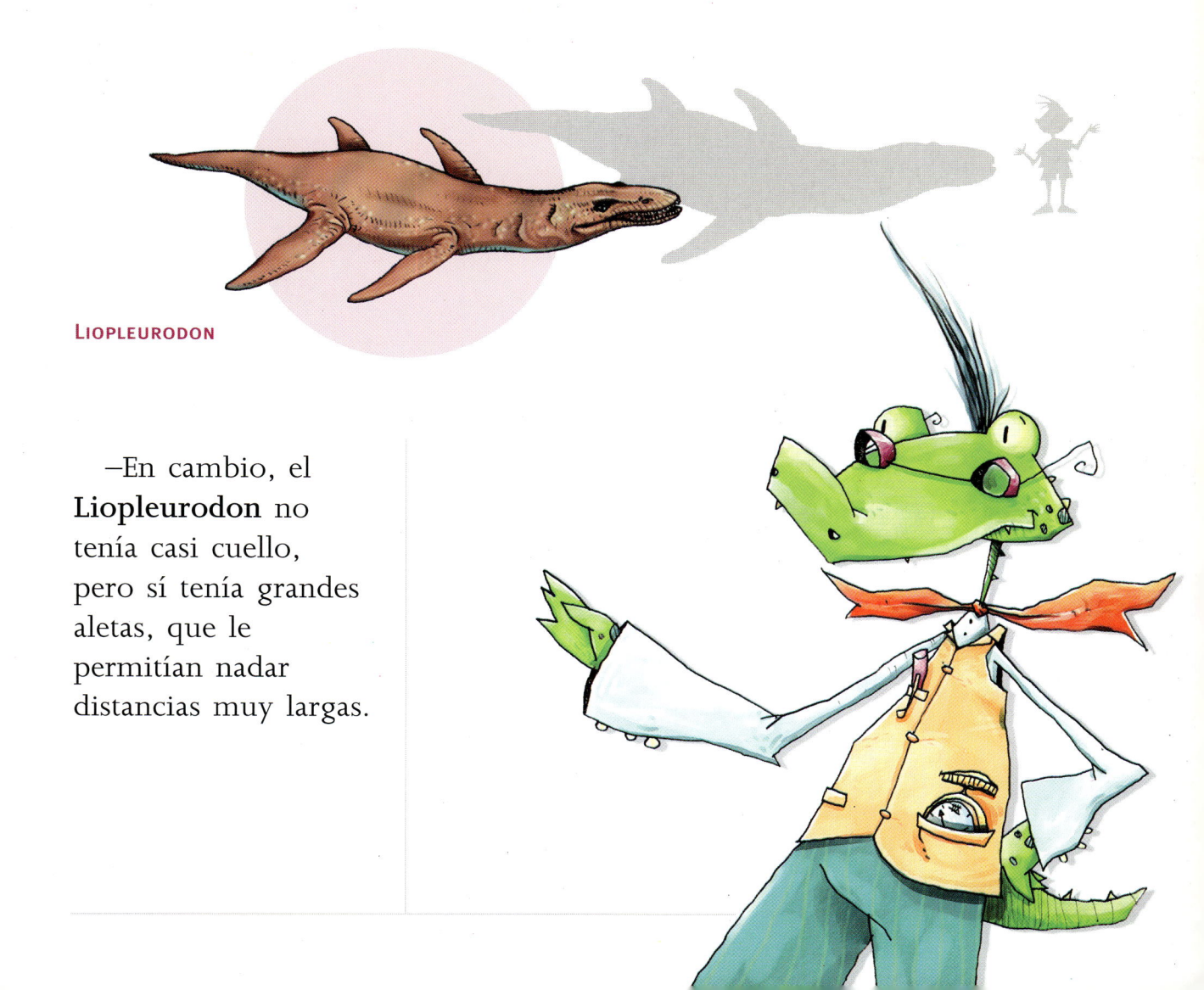

Elasmosaurus

Liopleurodon

—En cambio, el **Liopleurodon** no tenía casi cuello, pero sí tenía grandes aletas, que le permitían nadar distancias muy largas.

—Están ustedes ante el más grande de los ictiosauros. ¡El **Shonisaurus**! Sus mandíbulas eran largas. ¡Era tan grande como uno de esos camiones con tanques que ven por las calles!

SHONISAURUS

—Y este es un **Placodonto**. Era casi cuadrado, y por lo que vemos, muy parecido a una tortuga, ¿no es cierto? Cleo hubiera dicho: ¡Profe, parece una alfombra!

PLACODONTO

Kronosaurus

—El **Kronosaurus** era un gran cazador, y como medía más de 12 metros, ¿se imaginan cuando lo veían venir los demás animales…? Seguro que salían huyendo a cien kilómetros… qué digo a cien… ¡A mil por hora!

—¿Saben? Me extraña que Cleo no haya regresado. Nunca tarda tanto. ¡No se muevan de su lugar, que ya vuelvo!

Los dinosaurios / 11

–¿Y el profe…? ¿No está? Y yo que pensaba sorprenderlo con mi nuevo look. ¡Qué raro…! Él nunca abandona una clase por la mitad; estoy segura de que fue a buscarme… ¡Voy a seguir yo con la clase!

—Díganme, ¿dónde dejó el profe…?

—Bien, si fue sobre el Kronosaurus, entonces seguiré con los primeros arcosaurios.

—Estoy segura de que el **Proterosaurus**, que medía dos metros de largo, les recordará a un reptil que todavía vive en nuestros días. ¿O me equivoco? Piensen… ¿A qué animal se asemeja? Les daré una pista…

PROTEROSAURUS

—El **Desmatosuchus**, que tenía una especie de armadura con espinas, también se le parece.

—¿Ya se dieron cuenta de qué animal hablo, no? Si no es así, cuando vean el que viene, ¡no les quedarán dudas!

DESMATOSUCHUS

—¡Aaaayyyy!… Uf… Disculpen el grito… Es que cada vez que lo veo me corre un escalofrío por todo el cuerpo. Piensen que medía 15 metros de largo, y vean qué dientitos… Como para tenerlo de mascota, ¿no es cierto? Comparen el tamaño de este cocodrilito con la figura humana…

Deinosuchus

—¡Qué te pasó, Cleo! Te oí gritar y pensé que te había pasado algo… Te estuve buscando por todos lados.

—¡Profe, me asustó más todavía! Cómo se le ocurre gritarme así por la espalda. ¡Piense en el corazón de esta pobre lombriz, por favor! Se puede quedar sin asistente.

—Ya veo a qué fuiste a la peluquería…

—¿No es cierto que me queda bien?

—¡Sí…! Muy bien. Pero vamos a trabajar, ponte en posición…

—¡Sí, profe!

Los dinosaurios / 13

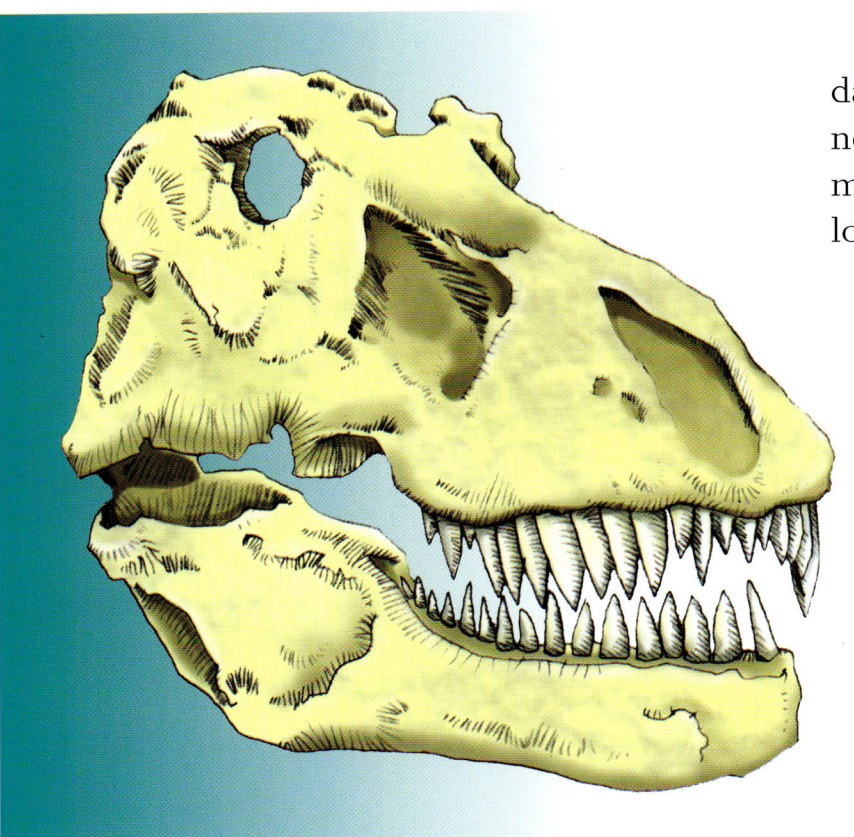

—Como se habrán dado cuenta, todavía no mencioné a los más famosos de todos los reptiles.

Cráneo de Tiranosaurus

Tuvieron que pasar muchos millones de años antes de que hicieran su aparición sobre la Tierra los primeros ¡dinosaurios!

—¿Y qué quiere decir dinosaurio…? Significa "lagarto terrible".
—¡Muy bien, Cleo! Me sorprende tu conocimiento.
—Y… además de ser una lombriz hermosa, soy muy inteligente… Siga, profe…

—Me hiciste perder… ¿Por dónde iba?
—Se lo digo en secreto.
—¡Ah! Sí, ya sé. Vean…
—Es el **Tiranosaurus**. Pesaba varias toneladas y llegaba a medir más de seis metros de altura.
—¡Casi como un edificio de tres pisos!
—Se cree que era cazador y también que comía carroña.
—Profe, es decir los animales muertos.

TIRANOSAURUS

—Existieron más de 500 especies de dinosaurios. Había de todos los tamaños. Fue una etapa de la evolución de la vida en la Tierra muy emocionante. No dejen de investigarla. ¡Hasta la próxima!

© El gato de hojalata, 2003.
Derechos reservados. Novena edición publicada por Editorial Guadal S.A.,
Perú 486, Ciudad de Buenos Aires, Argentina.
Hecho el depósito que marca la ley 11.723.
Libro de edición argentina. Impreso en Argentina.
Esta edición se terminó de imprimir en los talleres gráficos Graficor S.R.L.,
Buenos Aires, Argentina, en Junio de 2010.
www.editorialguadal.com.ar

ISBN 987-1134-06-1

Editor:
Aldo Boetto

Diseño y Dirección de arte:
Claudia Bertucelli

Producción Industrial:
Anibal Alvarez Etinger